DE
L'EFFET DÉCLARATIF

DU

PARTAGE

(EXPLICATION DE L'ARTICLE 883 DU CODE CIVIL)

PAR

DANIEL DE FOLLEVILLE

Avocat à la Cour d'appel de Douai,
Professeur de Code civil à la Faculté de droit,
l'un des Vice-Présidents de l'Association internationale pour la réforme
et la codification du droit des gens.

PRIX : 1 fr. 80

PARIS
ERNEST THORIN, ÉDITEUR
Libraire du Collége de France, de l'École normale supérieure,
des Écoles françaises d'Athènes et de Rome
7, RUE DE MÉDICIS, 7

1877

DE

L'EFFET DÉCLARATIF

DU

PARTAGE

AUTRES OUVRAGES DU MÊME AUTEUR

Des caractères distinctifs des associations commerciales en participation (1865). Durand. Une brochure in-8°. — *Épuisée.*

Considérations générales sur l'acquisition ou la libération par l'effet du temps (1869). Thorin. 1 vol. grand in-8°. — 3 »

De l'interdiction considérée comme cause de séparation de biens judiciaire (1870). Cotillon. Une brochure in-8°. — 1 50

Etude sur le paiement avec subrogation ; ses caractères distinctifs (1871). Thorin. Une brochure in-8°. — 1 »

Programme sommaire du cours de Code civil (*Deuxième examen*), *avec une Étude sur le partage d'ascendants* (1871). Thorin. 1 vol. in-8°. — 8 »

Etude sur la jonction des possessions (*art. 2235 du Code civil*) (1871). Marescq aîné. Une brochure in-8°. — 2 50

De la revendication des titres au porteur en matière de faillite (1871). Marescq aîné. Une brochure in-8°. — 1 »

De la publicité des contrats pécuniaires de mariage, d'après la loi du 10 juillet 1850. Marescq aîné. Une brochure in-8°. — 2 »

La loi du 12 août 1870 et le cours forcé des billets de la Banque de France (1872). Marescq aîné. Une brochure in-8°. — » 50

Sommaire du cours de Code civil (*Premier examen*). Marescq aîné. Une brochure in-8°. — Seconde édition (1876). — 2 50

Notion du droit et de l'Obligation (quatre premières leçons d'un cours triennal de Code civil), 1877 (troisième édition sous presse). — 2 50

De la légitimation des enfants incestueux (simple note extraite du *Recueil spécial de Jurisprudence de la Cour de Douai,* t. XXXI, p. 109 (1873). Thorin. Une brochure in-8°. — » 50

De la délégation des fonctions de l'instruction aux juges suppléants (1873). Thorin. Une brochure in-8°. — » 50

Comparaison des articles 434, 443 et 479, § 1er, du Code pénal (Compte rendu d'une réforme proposée par M. de Caudaveine, président de chambre à la Cour d'appel de Douai (1874). Marescq aîné. Une brochure in-8° — » 50

Essai sur la vente de la chose d'autrui (1874). Marescq aîné. 1 vol. in-8°. — 3 50

De la possession précaire (1874). Marescq aîné. Une brochure in-8°. — 1 50

Traité de la possession des meubles et des titres au porteur. Marescq aîné 1 fort vol. in-8°. — Seconde édition (1875). — 12 »

Des clauses de remploi et de la société d'acquêts sous le régime dotal (Étude suivie du programme de six cours sur la communauté réduite aux acquêts (1875). Marescq aîné. Une brochure in-8°. — 2 50

Du paiement du prix par l'acheteur en matière de vente (1875). Marescq aîné. Une brochure in-8°. — 1 50

Introduction historiques à l'étude du Code civil (1876). Marescq aîné. Une brochure in-8°. — 1 50

De la promulgation et de l'application des lois et des décrets (art. 1 du Code civil combiné avec les récentes lois constitutionnelles) (1876). Marescq aîné. Une brochure in-8°. — 1 »

De la naturalisation, en pays étranger, des femmes séparées de corps en France, et de l'incompétence des tribunaux en cette matière (1876). Marescq aîné. Une brochure in-8°. — 2 »

Questions pratiques de naturalisation : — Situation juridique de la jeune princesse Nadége Bibesco (1876). Marescq aîné. Une brochure in-8°. — 1 »

De la propriété littéraire et artistique (1877). — Durand et Pedone-Lauriel. Une brochure in-8°. — 1 »

De la naturalisation et des effets généraux des lois (conférences de droit international privé). Marescq aîné. (Sous presse.)

Traité des assurances sur la vie, par M. Paul Herbault ; revu et publié après le décès de l'auteur, par M. Daniel de Folleville (1877). Marescq aîné. 1 vol. in-8°. — 9 »

L'EFFET DÉCLARATIF

DU

PARTAGE

(EXPLICATION DE L'ARTICLE 883 DU CODE CIVIL)

PAR

DANIEL DE FOLLEVILLE

Avocat à la Cour d'appel de Douai,
Professeur de Code civil à la Faculté de droit,
l'un des Vice-Présidents de l'Association internationale pour la réforme
et la codification du droit des gens.

———

PRIX : 1 fr. 50

PARIS

ERNEST THORIN, ÉDITEUR

Libraire du Collége de France, de l'École normale supérieure,
des Écoles françaises d'Athènes et de Rome

7, RUE DE MÉDICIS, 7

—

1877

Extrait de la *Revue générale du droit* (année 1877, t. I, pages 239, 398 et 491).

TOULOUSE. — IMP. A. CHAUVIN ET FILS, RUE DES SALENQUES, 28.

DE L'EFFET DÉCLARATIF DU PARTAGE

1. — L'effet *général* du partage, sous notre législation actuelle, est indiqué, dans les termes suivants, par l'article 883 du code civil : « Chaque cohéritier est censé avoir succédé, seul et immédiatement, à tous les effets compris dans son lot, ou à lui échus sur licitation, et n'avoir jamais eu la propriété des autres effets de la succession. »

En d'autres termes, l'article 883 consacre cette maxime célèbre et fondamentale de notre droit civil que le partage est *déclaratif* de propriété : le partage ne fait que constater et déclarer les droits antérieurs des cohéritiers ; il n'est pas, en un mot, *translatif*, du moins en règle générale. C'est là une maxime dont l'importance considérable se révèle au double point de vue de la théorie et de la pratique.

2. — Nous allons en présenter l'exposition, en groupant les difficultés sous les cinq paragraphes suivants :

1° Quelle est l'origine historique et quelle est la base rationnelle de la maxime d'après laquelle, en France, le partage est simplement déclaratif ? (art. 883) ;

2° A quels biens s'étend l'article 883 ?

3° Quels actes vise ce texte ?

4° Entre quelles personnes s'applique l'article 883 ?

5° Quels sont les effets de l'application de la règle du partage déclaratif ?

§ 1er

Origine historique et base rationnelle de la maxime célèbre d'après laquelle, en France, le partage est simplement déclaratif (art. 883).

3. — N° 1. *Origine historique* de l'article 883. — Nous obser-

vons d'abord qu'en droit romain c'était la maxime toute contraire qui était en vigueur : le partage était un acte attributif ou *translatif de propriété* : Voyez les § 28, Instit., *De act.* (4. 6) ; — l. 6, § 8, Dig., *Communi dividundo* (10. 3) ; — l. 20, § 3, Dig., *Familiæ erciscundæ* (10. 2) ; — l. 66, § 3, et l. 70, Dig., *De Evictionibus* (21. 2) ; — l. 77, § 18, Dig., *De legatis,* 2° (31) ; — l. 17, Dig., *De usurpationibus et usucapionibus* (41. 3) ; — l. 1, Cod., *Communia utriusque judicii* (3. 38) ; — l. 7, § 4, Dig., *Quibus modis pignus.* Le partage était donc considéré tantôt comme une vente, tantôt comme un échange réciproques, en vertu desquels chacun des cohéritiers se dépouillait de sa part indivise dans la communauté, pour obtenir une part certaine et déterminée.

Rendons cette théorie sensible par un exemple. Une succession échoit à deux cohéritiers appelés à des parts égales ; elle se compose de deux maisons (A et B), valant chacune 20,000 fr. Le partage est bien simple : chacun prend une maison. Le droit romain voyait dans cette opération un échange : durant l'indivision, en effet, l'un des héritiers, Primus, avait la moitié de la maison A avec son cohéritier, Secundus ; de même que Secundus avait la moitié de la maison B avec Primus. Eh bien ! par le partage, chacun d'eux s'est dépouillé de sa part indivise, soit dans la maison A, soit dans la maison B, pour obtenir, en échange, la propriété entière et exclusive de l'une de ces deux maisons. — Ce caractère translatif se trouve ainsi formellement posé dans la loi 6, § 8, ff., *Communi dividundo : « Si fundus communis nobis sit, sed pignori datus à me, venit quidem in communi dividundo ; sed jus pignoris creditori manebit, etiamsi adjudicatus fuerit : nam etsi pars socio tradita fuisset, integrum maneret... »* — Ainsi, la conséquence de la proposition que nous avons énoncée peut se traduire de la manière suivante : Si l'un des deux cohéritiers, durant l'indivision, avait hypothéqué l'une des maisons à un tiers et si cette maison tombait, par suite du partage, dans le lot de son cohéritier, celui-ci recevrait la maison grevée de cette hypothèque, aussi bien que de tous les autres droits réels qui auraient pu s'y asseoir du chef de son copartageant durant l'indivision. C'est bien là la pensée qu'exprime la loi 6, § 8, au Dig., *communi dividundo,* lorsqu'elle dit : *« Sed jus pignoris creditori manebit, etiamsi adjudicatus fuerit. »*

En définitive, et pour nous résumer, voici l'hypothèse : Nous sommes, vous et moi, dans l'indivision ; je consens une hypothèque sur l'un des fonds indivis , « *fundus pignori datus est à me ;* » nous partageons ensuite et c'est dans votre lot que tombe précisément ce fonds. Eh bien ! vous serez obligé de supporter l'hypothèque : « *sed jus pignoris creditori manebit* , » dit la loi romaine , de telle sorte que par mon fait votre condition aura été aggravée. Certes, c'est là une conséquence qui est bien digne de nous arrêter et de nous émouvoir ; car le partage ne donne, dès lors, ni la sécurité ni la stabilité sur laquelle on devait compter. Les droits réels consentis durant l'indivision peuvent absorber les biens partagés. Pourtant, c'est bien là le partage, tel qu'on l'a toujours considéré dans la législation romaine.

4. — Bien plus, dans notre *très-ancien droit français*, à l'époque féodale, le partage avait conservé ce caractère , et l'on regardait encore les copartageants comme des vendeurs ou des coéchangistes. Les partages étant dès lors envisagés comme des mutations, les seigneurs exerçaient , sur eux, les mêmes fiscalités que sur les ventes. Ils ne manquaient jamais de réclamer les droits de mutation qui formaient ce que l'on appelait les profits seigneuriaux , les droits de *lots et ventes*.

C'est à ce moment qu'on voit poindre, pour battre en brèche ces droits exorbitants, notre maxime actuelle du partage déclaratif. Les jurisconsultes coutumiers entreprirent ici l'une de leurs plus glorieuses luttes. Ils combattirent avec courage les prétentions des seigneurs et réclamèrent énergiquement, pour les partages, l'affranchissement des fiscalités féodales (Comp. M. Demolombe, *Successions*, t. 5, n°s 253-267).

Ils se mirent donc en campagne ; mais quel moyen invoquer ? Quelle arme employer ?

Ce n'est pas du premier coup qu'ils arrivèrent à poser notre principe du partage déclaratif. Ils commencèrent par soutenir que si le partage était bien translatif, et constituait une aliénation , du moins c'était une aliénation indispensable, qui, par son caractère d'absolue nécessité , se distinguait nettement des aliénations volontaires. Mais ce n'était point là un argument topique. Le fisc seigneurial répondit, en effet, aux légistes : « Vous voulez que le partage soit une aliénation *nécessaire* ; eh bien ! nous le voulons avec vous. Mais finalement c'est une *aliénation,* et à ce titre elle entraîne à notre profit les droits de mutation. »

Ce premier assaut n'avait donc pas emporté la place ; il fallait avancer, et on en vint à dire que le partage n'était pas du tout une aliénation, qu'il était simplement *déclaratif*. Pourquoi? C'est que, disait-on, durant l'indivision même, le droit de chacun plane vaguement sur l'ensemble de l'hérédité, sans s'arrêter déterminément sur aucun objet. Chacun des cohéritiers n'est propriétaire qu'à la charge de mettre en commun, de faire une masse et de partager, *cum onere divisionis* (art. 815). En un mot, chacun d'eux, propriétaire de sa part sous une condition suspensive, n'est propriétaire de la part des autres que sous une condition résolutoire ; or, l'événement du partage, en réalisant cette double condition, produit tout naturellement, aux termes des articles 1179 et 1183, deux effets rétroactifs en sens inverse : — D'une part, chacun des cohéritiers est réputé avoir toujours été seul propriétaire de son lot, la condition suspensive s'étant accomplie (art. 1182); — d'autre part, il est réputé n'avoir jamais été propriétaire de la portion de ses cohéritiers, la condition résolutoire s'étant aussi réalisée (art. 1183).

Voilà bien l'origine, toute française, de ce grand principe du partage déclaratif qui est renfermé dans l'article 883.

Toutefois il importe de noter que, même dans l'ancien droit, cette maxime trouva des opposants. Ainsi Dumoulin combattit les autres jurisconsultes coutumiers et avec la plus grande ardeur ; car il nous apprend qu'il rédigea sa protestation malgré la fièvre quarte dont il était alors atteint, — *quartana et autumnali febre laborans*.

Cette résistance de l'éminent jurisconsulte n'eut d'autre résultat que de prolonger un peu la lutte. Mais la victoire resta néanmoins aux partisans de la maxime du partage déclaratif. Dès le seizième siècle, le triomphe de ce principe était assuré, et le partage était désormais affranchi des redevances féodales. C'est à cette même époque que la jurisprudence, faisant passer le nouveau principe du droit fiscal dans le droit civil, posa en thèse générale, dans plusieurs arrêts, le principe suivant lequel les hypothèques et les autres droits réels constitués, pendant l'indivision, par l'un des héritiers, ne subsistent pas, après le partage, sur les biens du moins compris dans les lots des autres

universalité, quelle que soit la cause de l'indivision, par exemple
au partage d'une communauté conjugale ou d'un patrimoine so-
cial. Les articles 1476 et 1872, par les renvois qu'ils indiquent,
commandent formellement cette solution. Nous pensons même
que la déclarativité devrait être étendue, sans hésitation, au partage de choses particulières et individuellement considérées. L'article 1408 semble bien impliquer cette extension ; d'ailleurs, ici
également il importe d'éviter autant que possible les troubles,
les évictions, avec tout leur cortége d'actions récursoires et d'in-
terminables procès. Au surplus, nous allons préciser davantage
la sphère d'application de l'article 883, en nous demandant suc-
cessivement quels sont les actes, les biens, les personnes qu'il
gouverne, et quels sont au juste les effets qu'il comporte (Comp.
Demolombe, t. V, *Successions,* n° 264 et les autorités rapportées
au n° 266).

§ 2.

A quels biens s'applique la maxime du partage déclaratif?
(art. 883.)

9. — Tout d'abord, il est certain que l'article 883 est applicable à tous les biens corporels, meubles ou immeubles, et
même à tous les biens incorporels qui ne sont pas susceptibles
de division (art. 1217 et suivants).

10. — Mais une question, moins facile à résoudre, est celle de
savoir si l'article 883 s'applique également aux *biens incorporels*,
par exemple aux créances.

Commençons par poser une espèce :

Une succession échoit à deux héritiers, appelés à des parts
égales. L'actif se compose d'une maison de 20,000 fr. et d'une
créance de même valeur : l'un prend la maison, l'autre la
créance. Eh bien, si l'on appliquait l'article 883, il faudrait dire
que l'héritier investi de la créance sera réputé propriétaire de
cette créance, *à die mortis,* de la même façon que l'héritier auquel est échue la maison. Ce principe, ainsi entendu, est-il
exact ? Là est le nœud de la difficulté.

Avant d'aborder cette question, remarquons combien elle est
digne d'attirer notre attention : car elle emporte dans la pratique

les solutions les plus considérables. Pour le moment, nous ne citerons qu'un exemple : l'héritier titulaire de la créance de 20,000 fr. actionne en paiement le débiteur. Celui-ci ne veut payer que 10,000 fr., la moitié du montant intégral de la créance, et il invoque le raisonnement que voici : au jour de l'ouverture de la succession, dit-il, et d'après les articles 873 et 1220, les dettes se sont divisées de plein droit entre les héritiers. Dès lors, débiteur de 20,000 fr. envers le défunt, je suis devenu débiteur de 10,000 fr. seulement envers chacun de vous qui êtes ses deux héritiers. Or, ajoute-t-il, il se trouve précisément que votre cohéritier me doit 10,000 fr.; de telle façon que, en vous opposant la compensation jusqu'à dûe concurrence (article 1289), je prétends ne vous payer que les 10,000 fr. à vous dûs personnellement.

A cette argumentation l'héritier poursuivant répond : vous m'opposez une compensation du chef de mon copartageant; mais vous n'en avez pas le droit. Je suis en effet devenu seul votre créancier *à die mortis*, puisque mon cohéritier, par suite du partage et aux termes de l'article 883, est réputé n'avoir jamais eu aucun droit de créance. De ces deux prétentions rivales laquelle triomphera? Ce sera celle de l'héritier poursuivant, si l'on décide que l'article 883 s'applique aux créances; ce sera celle du débiteur, si l'on admet la solution contraire.

11. — Eh bien, ce problème, ainsi posé, si net et si simple en apparence, n'a pas donné lieu à moins de *trois opinions* divergentes (Comp. Aubry et Rau, t. VI, § 625, p. 556 à 568). Une première doctrine soutient que la maxime du partage déclaratif, contenue dans l'article 883, *ne saurait s'appliquer aux choses incorporelles*, telles que les créances.

En effet, dit-on : 1° Toute la tradition historique est en ce sens, depuis la loi des Douze Tables elle-même. Cette loi consacrait formellement le principe de la division des dettes : — « *Nomina ercta scita sunto.* » L'ancien droit, lui aussi, a maintenu les effets de la division légale des créances.

2° On ajoute que le Code civil actuel a continué la chaîne des traditions. La preuve irréfutable s'en trouve dans l'article 1220, aux termes duquel, *avant tout partage*, « les héritiers ne peuvent demander la dette ou ne sont tenus de la payer que *pour les parts* dont ils sont saisis ou dont ils sont tenus comme représentant le créancier ou le débiteur. » Donc, conclut-on dans ce système, on ne peut pas, après coup et par l'effet du partage, modifier et transformer ces relations bien distinctes et nettement divisées que la loi a établies de plein droit entre les héritiers et les débiteurs héréditaires, au jour même de l'ouverture de la succession.

11 *bis*. — A côté de cette première opinion, il s'en est élevé une seconde qui a pour elle l'imposante autorité de M. Demolombe : elle prend pour base la distinction suivante :

La cause de libération alléguée par le débiteur s'est-elle réalisée *avant le partage?* Alors le débiteur peut s'en prévaloir.

Au contraire ne s'est-elle accomplie qu'*après le partage?* Alors le débiteur ne saurait valablement l'invoquer.

Ainsi formulé, ce système, mixte et éclectique, a pour but de ne sacrifier aucun texte à un autre ; voulant faire disparaître toutes les apparences d'antinomie entre la disposition de l'article 1220 et la généralité de l'art. 883, il cherche à fondre ces textes dans une complète harmonie.

. D'abord il tient compte de l'article 1220. En effet, les cohéritiers ne pouvant, d'après cette disposition, demander la dette que pour la part dont ils sont saisis, ce système admet la conclusion suivante : si une cause de libération s'accomplit de leur chef avant le partage, le débiteur pourra l'opposer, jusqu'à concurrence de leur part, à celui des copartageants devenu, après les lotissements, titulaire de toute la créance.

Cette doctrine fait aussi la part des articles 832 et 883, c'est-à-dire de la déclarativité, en décidant que le copartageant, devenu seul propriétaire de toute la créance, ne pourra pas se voir opposer, par le débiteur, une cause de libération survenue après le partage du chef de ses cohéritiers. En d'autres termes, ce système aboutit à décider que la *déclarativité* s'applique sans doute au partage des créances (art. 832 et 883), mais sans emporter l'effet rétroactif qui violerait et froisserait les droits acquis au débiteur.

On objecte, il est vrai, que ce système peut conduire à des iniquités. En effet, dit-on, le paiement effectué par le débiteur entre les mains de l'un des copartageants sera considéré comme nul par le cohéritier devenu créancier pour le tout, par cela même qu'il aura eu lieu *après le partage*. Et pourtant, fait-on observer, ce partage n'aura pas été porté à la connaissance du débiteur et ne lui aura pas été signifié. C'est là une objection que, dans cette doctrine, on réfute ainsi qu'il suit : il est inexact de dire que le paiement réalisé après le partage soit nul *dans tous les cas*. Au contraire, il sera considéré comme valable, par application de l'article 1240, s'il a été fait *de bonne foi*, c'est-à-dire si le débiteur ignorait qu'un partage ait fait passer la créance entière aux mains d'un héritier autre que celui auquel il payait. Mais ce qu'affirme M. Demolombe, c'est que la mauvaise foi du débiteur pourra être prouvée par tous les moyens possibles de démonstration. Il importe peu dès lors de quelle manière le débiteur aura eu connaissance du partage. Ainsi, il n'est point nécessaire, pour le constituer en état de mauvaise foi, que le partage lui ait été révélé par les formalités de l'article 1690, c'est-à-dire par une signification ou par une acceptation de sa part dans un acte authentique (Comp. M. Demolombe, t. V, *Success.*, n°s 291 à 298).

12. — Certes, l'argumentation de M. Demolombe est, à coup sûr, des plus spécieuses : elle semble, à première vue, concilier à merveille les textes et l'équité. Néanmoins nous ne la croyons point fondée en droit, et la base sur laquelle elle repose nous paraît purement arbitraire. Aussi nous préférons accorder notre adhésion à un troisième système, plus juridique à notre avis, suivant lequel *la maxime du partage déclaratif, contenue dans l'article 883, s'applique d'une façon absolue et sans distinction, aussi bien aux choses incorporelles qu'aux objets corporels.*

Et tout d'abord, si l'on jette les yeux sur l'article 883, il est impossible de ne pas remarquer les termes absolus et généraux dans lesquels il est conçu. Ce texte déclare positivement que l'héritier succède seul et immédiatement « *à tous les effets* compris dans son lot.* » Quoi de plus large et de plus compréhensif! — Or, les créances, cela est incontestable, constituent des effets de la succession. Comment, dès lors, le premier système peut-il les soustraire à l'application de l'article 883?

Ce n'est point tout : les termes de notre article sont aussi nets que généraux. La disposition qu'il édicte n'établit aucune différence entre tel ou tel objet, pas plus qu'entre telle ou telle hypothèse. Aussi avons-nous peine à comprendre qu'on ait pu poser la distinction qui sert de base à la précédente doctrine.

Mais, dit-on, les créances ne se partagent point! L'article 832 va nous fournir la réponse à cette objection. Ce texte prouve, en effet, que les créances entrent, comme les autres biens, dans le partage, puisqu'il recommande « de mettre dans chaque lot, s'il se peut, la même quantité de meubles, d'immeubles, de droits ou de *créances* de même nature et valeur. » Or, puisqu'il est démontré qu'on partage les créances, il faut bien, pour être logique, leur appliquer l'effet déclaratif que l'article 883 attache à tout partage : — Cass., 20 décembre 1848 (Dev., 1849. 1. 179). D'ailleurs, pour quelles raisons et dans quel esprit l'article 883 a-t-il été édicté? On a voulu, par cette disposition, prévenir les troubles et assurer la stabilité des fortunes. — Eh bien, nous le demandons; ceux qui, à la suite d'un partage, se trouvent en possession d'une fortune mobilière, n'ont-ils pas besoin, comme les propriétaires fonciers, de cette sécurité et de cette stabilité que le législateur a entendu garantir et sauvegarder? Enfin, si tel est bien le but que l'on a poursuivi et recherché en proclamant que le partage est déclaratif, ce but peut être atteint seulement en attachant à la déclarativité, l'effet ordinaire et normal qu'elle comporte, nous voulons dire l'effet rétroactif. Cette proposition, méconnue pourtant par la seconde opinion, nous semble, quant à nous, indéniable : car, en définitive, à quelle solution aboutit le système contraire? Il proclame la puissance déclarative; mais il refuse d'en consacrer les effets. Il laisse survivre, sur les créances, les droits consentis, pendant l'indivision, par des titulaires apparents. En d'autres termes, en vertu de cette théorie, le cohéritier, qui a sur une créance successorale un titre de propriété résoluble, et résolu en fait par le partage, aura pu consentir sur cette créance des droits incommutables et définitifs! N'est-ce point la plus grave des inconséquences, la plus éclatante des contradictions? (Cass., 24 janv. 1837, Dev., 1837, 1. 106. Voyez toutefois Cass., 4 déc. 1866, Dev., 1867. 1. 5.) Comp. Demol., *Successions*, t. V, nᵒˢ 292-298. — Mourlon, *Rép. écr.*, t. II, nᵒ 486, p. 240, *in fine*, et 241; Acollas, *Manuel de droit civil*, t. II, p. 358 et 359. — Voyez aussi Bertauld, *Questions pratiques et doctrinales*, t. I, nᵒˢ 302-307, p. 248 et suivantes.

12 *bis.* Si le système que nous venons d'exposer est exact, il faut en faire découler, dans la pratique, de nombreuses consé-

quences, parmi lesquelles, sept, particulièrement importantes, doivent être énumérées ici :

1° Le paiement, effectué, *pendant l'indivision*, entre les mains de l'un des cohéritiers, jusqu'à concurrence de sa part et portion virile, par un débiteur héréditaire, ne sera pas, nonobstant l'article 1220, opposable à un autre cohéritier dans le lot duquel entrerait la créance par l'effet du partage ;

2° Si, *pendant* l'indivision, l'un des débiteurs de la succession se trouve, en même temps, créancier de l'un des héritiers, la compensation (comp. art. 1290 et 1291) ne pourra pas s'opérer de plein droit et jusqu'à concurrence de la part héréditaire de celui-ci, autrement qu'à titre provisoire et sauf à être rétroactivement effacée par l'effet du partage, si la créance échoit plus tard à un autre cohéritier. Par exemple, une succession échoit à deux héritiers, *Primus* et *Secundus*, appelés à recueillir d'ailleurs des parts égales. L'actif net de la succession se compose d'une maison valant cent mille francs et d'une créance de cent mille francs sur un tiers. L'immeuble, étant reconnu impartageable, est attribué à *Primus*, et *Secundus* prend la créance. Tenez pour certain que *Secundus* sera réputé (art. 883) propriétaire de la créance, du jour de la mort de l'auteur commun, au même titre que *Primus* sera, lui, de son côté, réputé propriétaire de la maison valant cent mille francs, rétroactivement à partir du jour de l'ouverture de la succession. Par suite, lorsque *Secundus* demandera au tiers débiteur le paiement des cent mille francs, celui-ci sera tenu de s'exécuter intégralement. Il ne pourrait pas répondre : au jour de l'ouverture de la succession, les dettes se sont divisées de plein droit par application de l'art. 1220 *in fine* ; or *Primus*, votre cohéritier, me devait personnellement cinquante mille francs : Je vous oppose donc, de son chef, la compensation (art. 1290), jusqu'à concurrence de cette même quotité précisément correspondante à la part dont il était saisi ; et je vais être quitte envers vous, sauf votre recours en garantie (art. 884), par le paiement des cinquante mille francs qui restent dûs sur le titre primitif de cent mille francs. Un tel raisonnement serait inadmissible, si l'on accepte notre point de départ ;

3° Si l'un des cohéritiers a cédé (art. 1689) à un tiers sa part dans une créance héréditaire, et que la cession-transport ait été dûment signifiée au débiteur ou acceptée par lui avant le partage (art. 1690), il n'en faudra pas moins considérer la vente comme nulle et non avenue au profit de l'héritier (autre, bien entendu, que le cédant lui-même), qui recevrait plus tard la créance dans son lot; c'est, entre ses mains, que le tiers débiteur devra payer, sauf à pouvoir, suivant les cas, invoquer l'article 1240, s'il avait effectué, de bonne foi, le paiement en d'autres mains ; le cessionnaire dépouillé aura, du reste, son recours en garantie (art. 1693, 1694, 1599, al. 2), et en dommages-intérêts contre son cédant ;

4° Les créanciers de chaque cohéritier n'auront pas pu valablement saisir-arrêter, pendant l'indivision, sa part dans une créance héréditaire ; et quand même ils auraient obtenu, avant le partage, un jugement validant leur saisie-arrêt (art. 568 et suiv., C. pr. civ.), ils ne seraient point à l'abri de l'effet rétroactivement déclaratif de ce partage, dans le cas où la créance, objet de la saisie-arrêt, tomberait dans le lot d'un héritier autre que leur débiteur (art. 883);

5° La mainlevée qui aurait été consentie, pendant l'indivision, par l'un des cohéritiers (art. 2157 et suiv.), d'une inscription hypothécaire garantissant une créance de la succession, ne pourrait pas être opposée, après le partage, à un autre cohéritier dans le lot duquel cette créance aurait été placée : — Cass., 20 décembre 1848 (Dev., 49. 1. 179) ;

6° Il n'est pas *nécessaire* que l'héritier, dans le lot duquel une créance héréditaire est mise intégralement, signifie au tiers débiteur cette attribution (Comp. art. 1690). Toutefois il pourra être *prudent* de faire cette signification, pour établir nettement que le débiteur héréditaire a dû avoir connaissance du partage, en sorte qu'il ne lui soit plus permis d'invoquer l'article 1240, à l'effet de maintenir des paiements effectués en des mains étrangères : Comp. M. Demolombe, *Successions*, t. V, n° 297 ;

7° Enfin, les créances héréditaires doivent être assimilées aux autres objets compris dans la masse partageable, pour les soumettre, par application de l'article 830, aux prélèvements qui peuvent être indispensables pour l'accomplissement de l'obligation du rapport. Dès lors, les créanciers personnels du cohéritier soumis au rapport ne seront pas admis à invoquer l'article 1220 et le principe de la division des dettes de plein droit ; ils ne pourront pas soutenir (1) que leur débiteur a une part acquise dans la créance héréditaire, et que cette part est, pour eux, un gage qui leur est commun avec les cohéritiers créanciers du rapport.

§ 3.

A quels actes la règle du partage déclaratif est-elle applicable ?

13. — Trois propositions, à chacune desquelles se rattachent quelques questions controversées, nous paraissent résumer, sur ce point, la théorie de l'article 883. Et, en effet, ce texte nous semble s'appliquer : 1° au partage ; 2° à la licitation ; 3° à tout acte équivalent au partage ou à la licitation.

14. — I. Tout d'abord, l'article 883 s'applique au *partage en nature* : cela est évident ; et même il importerait peu que, par suite d'arrangements entre les cohéritiers, les meubles et les immeubles n'aient pas été répartis, dans tous les lots, suivant des proportions égales. — L'article 883 nous paraît également s'appliquer au cas où le partage n'aurait eu lieu que sous la charge, pour l'un des cohéritiers, de payer aux autres une *soulte* ou retour de lots : en effet l'article 883 met la licitation sur le même rang que le partage, et, au fond, la soulte peut être considérée comme une licitation à l'amiable (Voyez cependant M. Rodière, *Rev. de législ.*, année 1852, p. 309). Une fois l'extension de l'article 883 admise quant à la soulte, il importerait peu que cette soulte dût être payée en argent ou en tout autre objet. De même, l'article 883 devrait régir, sans nul doute, les *prélèvements* exercés régulièrement, par des cohéritiers, sur les biens de la succession : ce sont là, en effet, des opérations du partage (art. 829 et 830).

15. — Enfin il n'est point nécessaire, pour que l'article 883 s'applique, que toute la succession soit partagée. Un simple *partage partiel* serait également soumis à l'effet déclaratif : car,

---

(1) Comp. Demante, *Cours analytique de Code civil*, n°ˢ 225 *bis* VII, et 162 *bis* IV, t. III. — Bertauld, *Questions pratiques et doctrinales*, t. 1, n°ˢ 308-309, p. 252 et 253.

en définitive, il y a partage véritable et parfait, du moins quant à la partie sur laquelle ont opéré les cohéritiers.

16. — II. Non-seulement, l'article 883 gouverne le partage proprement dit; mais encore il est applicable à la *licitation*, lorsque c'est un cohéritier qui se porte adjudicataire. Cependant, il importe de noter que dans l'ancien droit, l'admission du principe déclaratif dans cette hypothèse fut plus lente à se produire et souleva plus de difficultés que pour le partage en nature. En effet, disait-on, que se passe-t-il dans la licitation? L'un des copartageants se fait attribuer, *moyennant un prix*, la totalité d'un bien, dans lequel il n'avait droit qu'à une partie. La dation d'un prix, ajoutait-on, fait donc de cette opération une véritable vente, un acte translatif au premier chef.

Certes, le raisonnement semble solide et bien fondé; mais nos anciens jurisconsultes parvinrent encore à en éluder la rigoureuse logique. C'est qu'en effet, la licitation est une aliénation aussi nécessaire que le partage lui-même. De plus, comme disait Lebrun, la licitation ne fait avec le partage « qu'*une même affaire et un même contrat; elle n'est qu'un accessoire et une dépendance du partage; et les cohéritiers, en licitant, n'ont évidemment l'intention que de partager.* » Voilà par quelles raisons le caractère déclaratif finit par être étendu à la licitation dans notre ancienne jurisprudence française.

Aujourd'hui la question ne saurait faire aucun doute : l'article 883 porte textuellement qu'il s'applique aux effets « *à lui* (au cohéritier) *échus sur licitation.* » De nos jours, comme autrefois, les motifs, qui avaient fait édicter la règle pour le partage en nature, militaient avec la même force en faveur de la licitation.

Toutefois, il importe encore de poser ici une distinction qui fut toujours consacrée dans l'ancien droit, même après le triomphe complet du principe déclaratif. Deux hypothèses sont en effet possibles : l'adjudication sur licitation peut avoir lieu soit au profit de l'*un des cohéritiers*, pur et simple ou bénéficiaire, peu importe, soit au profit d'un *étranger*.

Caractérisons nettement ces deux opérations, en examinant les différences qui les séparent.

17. — Le point capital à noter dans cette comparaison est celui-ci : Lorsque la licitation a lieu au profit d'un cohéritier, il faut y voir une opération de *partage*, avec la déclarativité que

le partage comporte. Au contraire, si la licitation a lieu au profit d'un adjudicataire étranger, elle constitue un acte translatif, une *vente* de droit commun.

C'est là une distinction à la fois légale et rationnelle. Elle est implicitement contenue dans les termes de l'article 883 qui prévoit seulement le cas où le bien licité est échu à l'un des cohéritiers.

En outre, l'adjudicataire étranger ne saurait évidemment être considéré comme un copartageant et comme tenant ses droits du défunt. Pour qu'il y ait partage, il faut sans nul doute que l'on trouve la vocation héréditaire chez les apportionnés, et c'est précisément ce titre essentiel qui manque à l'adjudicataire étranger.

Ce principe une fois posé, entrons dans les détails de notre comparaison.

Tout d'abord, si c'est un cohéritier qui se porte adjudicataire, ses copropriétaires auront droit, pour la garantie du prix, au privilége des copartageants (art. 2103, n° 3, et 2109). — Au contraire, les covendeurs, vis-à-vis de l'adjudicataire étranger, ont droit, pour la garantie du prix, au privilége du vendeur (art. 2103, n° 1, 2108, art. 6, L. 23 mars 1855).

En outre, les copropriétaires du cohéritier adjudicataire n'ont point, à côté de leur privilége, l'action résolutoire pour défaut de paiement du prix. Cette sûreté spéciale appartient, au contraire, aux covendeurs placés en face de l'adjudicataire étranger (art. 1654 et L. 23 mars 1855).

Autre différence : Est-ce un cohéritier qui se porte adjudicataire? Ses copropriétaires auront le droit de demander la rescision pour lésion de plus du quart (art. 887). Au contraire, est-ce un étranger qui se porte adjudicataire? Les covendeurs n'auront le droit de demander la rescision que pour lésion de plus des sept douzièmes (art. 1674).

Au surplus, l'adjudication au profit d'un copartageant n'est point soumise à la nécessité de la transcription; tandis que cette formalité est exigée pour l'adjudication au profit d'un étranger (L. 23 mars 1855). Notons également que si la licitation a lieu au profit d'un étranger, elle est soumise à des droits d'enregistrement plus élevés que ceux perçus vis-à-vis d'un cohéritier adjudicataire : Cass., 3 février 1874 (D. P. 1874. 1. 361).

Enfin, terminons ce parallèle, en indiquant une différence qui nous est dès maintenant familière, puisqu'elle est une suite directe de notre article 883 : Les droits réels, qui auraient été consentis durant l'indivision, par les copartageants d'un cohéritier adjudicataire, devraient être, vis-à-vis de lui, considérés comme nuls et non avenus. A l'inverse, les droits réels consentis, pendant l'indivision, par les covendeurs, seraient maintenus à l'encontre d'un étranger ou d'un tiers adjudicataire.

17 *bis.* — Nous avons déjà dit que les principes exposés ici sur la déclarativité du partage devaient s'appliquer d'une façon absolue, et sans avoir besoin de distinguer suivant que l'héritier se serait porté héritier pur et simple, ou n'aurait accepté la succession que sous *bénéfice d'inventaire.* Toutefois c'est ici le lieu de remarquer que la jurisprudence s'est refusée à admettre une telle généralité. La question s'est surtout posée, devant les cours et tribunaux, pour déterminer la mesure dans laquelle la licitation serait soumise à la formalité de la transcription.

La transcription, on le sait, a principalement un double objet : d'abord elle consolide la propriété à l'égard des tiers ; puis elle est le préliminaire indispensable de la purge. — En ce qui concerne la consolidation de la propriété, il a toujours été reconnu que l'adjudication sur licitation, au profit d'un *héritier bénéficiaire,* est simplement déclarative et non translative de propriété. En d'autres termes, dans ce cas, on a toujours admis avec Pothier (*Des successions,* ch. III, sect. III, art. 2, § 6), que « l'héritier bénéficiaire retient plutôt qu'il n'acquiert » et que, par voie de conséquence, il ne saurait être soumis aux droits de mutation : Cass., 26 décembre 1831, J. G. D., v° *Enregistrement,* n° 60.

Mais, en ce qui concerne la purge des hypothèques concédées sur l'immeuble licité, la Cour de cassation décide que l'héritier bénéficiaire réunit à sa qualité d'héritier celle d'administrateur comptable envers les créanciers de la succession, et que dès lors, après s'être fait adjuger l'immeuble héréditaire, il se trouve, vis-à-vis de ces créanciers, dans la même position que tout acquéreur. Aussi, de ce principe, la jurisprudence conclut que le droit proportionnel de transcription est dû à l'occasion de l'enregistrement de l'adjudication : Cass., 12 et 27 nov. 1872 (D. P. 73. 1. 197 et 199) ; (Cass., 3 fév. 1874, D. P. 74. 1. 361).

2

Ainsi donc, d'*après la jurisprudence* de la Cour suprême, la licitation au profit d'un héritier bénéficiaire a une double face : 1° Elle est déclarative, dispensée du droit de mutation, et efficace, à l'égard des tiers, sans recourir à la transcription ; 2° elle est translative à l'égard des créanciers héréditaires, et, vis-à-vis d'eux, elle doit être transcrite, notamment pour la purge des hypothèques (Comp. la note publiée par M. Dalloz sous l'arrêt du 3 février 1874, ci-dessus rappelé).

18. — III. Nous avons vu comment et sous quelles conditions l'article 883 s'applique au partage proprement dit et à la licitation. Mais l'on doit encore aller plus loin et assimiler à ces deux opérations *tout acte à titre onéreux* (quelque dénomination qui ait pu d'ailleurs lui être donnée, vente, échange, transaction, etc.), *dont l'effet pratique est de faire cesser d'une manière absolue, c'est-à-dire relativement à tous les cohéritiers, l'indivision soit de l'hérédité elle-même, soit de l'un ou l'autre des objets qui en font partie.*

Ainsi, nous appliquerons l'article 883 à *la vente* d'un immeuble héréditaire *consentie à l'amiable* par tous les cohéritiers au profit de l'un d'entre eux. Cette solution, en effet, n'est point contestable, quand l'immeuble a été adjugé sur licitation. Dès lors, il faut l'étendre à la vente amiable ; car il serait ridicule, quand tous les cohéritiers sont d'accord pour attribuer tel immeuble à l'un d'entre eux, de leur imposer les lenteurs et les frais d'une vente aux enchères.

De même, nous regardons, comme gouvernée par le même principe, la *cession de droits successifs* faite à l'un des cohéritiers par tous les autres. Sans doute, dans cette espèce, il arrivera qu'un seul des cohéritiers aura la totalité des biens héréditaires en nature, tandis que tous les autres obtiendront seulement de l'argent : situation qui semble, à première vue, contraire à la nature même du partage. Mais il faut bien remarquer qu'un semblable résultat se retrouve dans la licitation, quant au bien licité ; et pourtant l'article 883 assimile formellement la licitation au partage. Aussi, pour notre part, nous n'hésitons pas à reconnaître, dans cette cession de droits successifs, le caractère déclaratif avec toutes les conséquences qu'il comporte (Comp. Nîmes, 22 août 1865, Dev. 1866, II, 23. — Voyez toutefois Toulouse, 14 déc. 1850, Dev. 1851, 2. 102).

Nous irions jusqu'à considérer, comme un partage, la cession de droits successifs, quand même les cohéritiers auraient déclaré qu'ils entendaient ainsi faire une véritable vente. Qu'on n'objecte pas que la convention fait la loi des parties (art. 1134) : car il est bien évident que des cohéritiers, en consentant cette cession qui fera cesser l'indivision d'une façon absolue, ne peuvent pas enlever à cet acte le *caractère essentiel* qui lui appartient. Ce qu'ils font l'emporte sur ce qu'ils disent : *Plus est in re quam in sermone*.

Au surplus, il est bien entendu que nous n'appliquons ainsi la déclarativité à la cession de droits successifs, que si elle fait cesser l'indivision *entre tous les cohéritiers*. En effet, l'article 883, nous l'avons déjà dit, se rattache, sous certains points de vue, à une fiction, ét toute fiction doit être rigoureusement renfermée dans les termes qui lui sont assignés par la loi. Or, du texte de l'article 883, il résulte que la déclarativité ne s'applique que si l'acte fait cesser l'indivision à l'égard de « *chaque cohéritier*. » (Comp. Demol., t. V, *Success.*, n° 287).

19. — Enfin, terminons ce qui concerne la cession de droits successifs entre cohéritiers, en faisant observer qu'elle ne serait plus soumise à notre principe déclaratif si elle avait eu lieu à *titre gratuit*; il importerait peu alors qu'elle ait fait cesser l'indivision d'une manière absolue et à l'égard de tous les cohéritiers. On ne saurait, en effet, dans ce cas, l'assimiler au partage, puisque le partage est, par essence, un acte à titre onéreux. Donc, l'héritier qui s'est ainsi rendu cessionnaire, à titre de libéralité, sera considéré comme l'ayant cause, non du défunt, mais de ses cohéritiers, du moins pour la part qui devait revenir à ceux-ci; et, dans cette mesure, les rapports établis entre eux seront réglés par les principes des donations (Cass. 26 janvier 1848, Dev. 1848, I, 245. Comp. Aubry et Rau, t. VI, § 625, texte et note 3, édit. 1873. Voy. aussi Bertauld, *Questions pratiques*, n°ˢ 311-316, p. 254 à 258, t. I). — Nous arrivons maintenant à l'étude de la question de savoir entre quelles personnes est applicable la règle du partage *déclaratif* édictée par l'article 883 du code civil.

§ 4.

Entre quelles personnes la règle du partage déclaratif est-elle
applicable ?

20. — Nous avons vu à quels biens et à quels actes s'applique la règle de l'article 883 ; nous devons maintenant en déterminer l'étendue en nous plaçant à un nouveau point de vue : nous nous demanderons quelles sont, au juste, les *personnes* que gouverne ce principe.

Envisagée sous ce nouveau rapport, la règle du partage déclaratif, avec la rétroactivité qu'elle implique, est-elle absolue ou seulement relative ? En d'autres termes, doit-elle ou ne doit-elle pas être restreinte entre les cohéritiers eux-mêmes et leurs ayants cause ? C'est là, il ne faut point se le dissimuler, une des questions les plus controversées de cette matière, et trois partis différents ont proposé chacun leur solution.

Avant d'aborder la difficulté, déterminons-en nettement la portée. Tout le monde convient que notre maxime du partage déclaratif s'applique entre cohéritiers les uns à l'égard des autres, et surtout entre un cohéritier *et les ayants cause de l'autre*. Mais voici où le débat s'engage : on se demande si la maxime produit son effet à l'égard d'autres que les cohéritiers dans leurs rapports respectifs, et notamment si elle procède entre le cohéritier lui-même *et ses propres ayants cause*.

Un exemple suffira, nous l'espérons, pour mettre toute notre pensée en lumière. — Une succession est dévolue par égales parts à Pierre et à Jacques : cette succession se compose de deux immeubles, l'un valant 150,000 francs et l'autre 100,000 fr. seulement ; de plus, il y a 100,000 francs de valeurs mobilières. Pierre meurt, avant tout partage, en laissant un testament par lequel il lègue la totalité de son mobilier à Raymond et l'universalité de ses immeubles à Paul. Voyons ce que peuvent, dès maintenant, espérer nos deux légataires.

Paul, le légataire aux immeubles, calcule ainsi : « Il y a deux immeubles héréditaires, l'un de 150,000 francs et l'autre de 100,000, soit en tout 250,000 francs de valeurs immobilières. Pierre, mon auteur, avait droit à la moitié, et, puisque je suis son ayant cause, je dois avoir comme lui cette moitié, soit 125,000 francs de valeurs immobilières. »

De son côté, Raymond, le légataire aux meubles, raisonne ainsi : « Il y a dans la succession échue pour moitié à Pierre, mon auteur, 100,000 francs de meubles. Comme je suis l'ayant cause de Pierre, j'aurai droit à la moitié qui lui appartenait, c'est-à-dire à 50,000 francs de valeurs mobilières. »

Les choses étant en cet état, les deux légataires procèdent au partage de la succession primitive avec Jacques, l'héritier survivant : on reconnaît alors que l'immeuble de 150,000 francs est impartageable ; on le met donc tout entier dans un lot : puis, dans l'autre lot, on fait entrer l'immeuble de 100,000 francs, plus 50,000 francs de valeurs mobilières, pour rendre les attributions égales. Il ne reste donc désormais, en fait de meubles, que 50,000 francs disponibles : on met 25,000 francs dans l'un des lots et 25,000 francs dans l'autre. Puis le tirage au sort a lieu, et le lot qui contient l'immeuble impartageable, avec 25,000 fr. seulement de valeurs mobilières, échoit aux représentants de Pierre, décédé. Eh bien ! ces deux légataires vont-ils prendre droit d'après le partage, par application de l'article 883, de telle façon que Raymond, le légataire aux meubles, au lieu de trouver pour son propre compte les 50,000 francs sur lesquels il comptait avant le partage, n'obtienne définitivement que 25,000 francs ? ou bien, au contraire, Raymond pourra-t-il, en se fondant sur la consistance originaire de la succession échue à son auteur, Pierre, exercer un recours jusqu'à concurrence de 25,000 francs contre Paul, le légataire des immeubles, afin d'avoir les 50,000 francs de mobilier, suivant l'expectative résultant de l'état des biens au décès du *de cujus* ?

Comme on le voit, cette question est intéressante et mérite assurément d'attirer notre attention. La réponse qu'elle comporte dépend d'une thèse plus générale que nous avons posée en commençant : il convient de se demander s'il faut restreindre la règle du partage déclaratif aux rapports entre l'un des cohéritiers et les autres cohéritiers ou encore les ayants cause de ces derniers, ou bien s'il faut l'étendre aussi aux relations entre l'un des cohéritiers et ses propres ayants cause.

21. — Une première opinion conseille d'interpréter l'article 883 d'une façon tout à fait restrictive, et soutient qu'il gouverne

seulement les relations entre les copartageants *ou entre l'un d'eux et les ayants cause des autres.* On aperçoit tout de suite la conséquence de cette doctrine : elle aboutit, dans l'espèce que nous avons choisie, à accorder un recours à Raymond contre Paul jusqu'à concurrence de 25,000 francs.

En effet, dit-on dans ce système, d'abord l'article 883 consacre une fiction : « *Chaque cohéritier est censé,* » etc. Or les fictions doivent être interprétées restrictivement et ne doivent produire limitativement que ceux des effets que le législateur a entendu leur attacher : — Or, ajoute-t-on, le but que la loi a eu en vue en édictant l'article 883, c'est d'empêcher les troubles et les recours de cohéritier à cohéritier, ou de l'un des copartageants contre les ayants cause des autres. — Donc, conclut-on, toutes les fois qu'il ne s'agit pas de relations de ce genre, et que l'on se trouve en présence, comme dans l'espèce précédente, de simples légataires, la fiction s'efface et disparaît avec les motifs qui l'avaient fait naître ; la vérité reprend son empire, et dès lors le partage doit être considéré, suivant sa vraie nature, comme un acte translatif de propriété : (Cass., 27 mai 1835, Dev., 1835, I, 286).

22. Un second système, radical en sens contraire, soutient que l'article 883 doit être interprété d'une façon tout à fait extensive, et le déclare applicable aux rapports d'un cohéritier avec ses propres ayants cause, par exemple avec ses légataires. Ainsi, en appliquant cette doctrine à l'hypothèse précédente, il faudrait dire que le caractère déclaratif du partage s'oppose à ce que Raymond, le légataire aux meubles, exerce un recours contre Paul, le légataire aux immeubles.

En effet, dit-on dans ce système, l'article 883, pris dans son texte, semble bien édicter une règle générale et absolue ; il n'établit aucune distinction entre les diverses personnes qui peuvent se trouver atteintes par un partage, ni entre les différents intérêts qui peuvent s'y trouver engagés.

Du reste, quelle a été l'intention du législateur ? Il a voulu consacrer une règle véritablement protectrice ; il a entendu tarir la source de toutes les évictions et de toutes les actions récursoires qui résulteraient de l'idée translative appliquée au partage. Voilà pourquoi le principe de la déclarativité, contenu dans l'article 883, plane sur tout le droit civil et doit s'appliquer, d'après son texte comme d'après ses motifs, à toutes les relations généralement quelconques que le partage peut engendrer. Au surplus, cette doctrine prétend qu'on ne saurait lui reprocher de blesser l'équité : car il est bien entendu qu'elle raisonne seulement dans le cas où le partage aurait été loyal et opéré de bonne foi. Ainsi, dans notre exemple, s'il y avait eu fraude et connivence entre le légataire aux immeubles et l'héritier survivant, pour frustrer le légataire aux meubles, celui-ci pourrait exercer, d'après le droit commun, un recours fondé sur le dol et la fraude (Cass., 2 déc. 1845, Dev., 1846, I, 21).

23. — Assurément, des deux systèmes que nous venons d'exposer, c'est le second qui nous paraît renfermer la plus grande part de vérité. Cependant, il nous semble encore dangereux d'appliquer ainsi l'article 883, d'une façon absolue et sans distinctions, à toutes les personnes qui, de près ou de loin, peuvent être engagées dans un partage, comme à toutes les relations qui peuvent en découler.

Aussi nous préférons donner notre adhésion à un système intermédiaire, d'après lequel la règle, consacrée par l'article 883, est sans doute, en principe, absolue et générale, mais sauf les modifications qui peuvent, dans son application à chaque espèce, résulter, soit de sa combinaison avec d'autres textes de la loi, soit du caractère, en dernière analyse, mixte du partage, soit des motifs d'utilité pratique, soit enfin de la filiation historique par laquelle a dû passer notre principe.

Et tout d'abord, remarquons que cette doctrine de conciliation est la seule qui soit conforme à l'origine même de la règle du partage déclaratif. En effet, notre maxime n'a jamais constitué, dans l'ancien droit, cette conception nette et tranchée que les deux systèmes précédents érigent en thèse générale. Bien au contraire, nos anciens jurisconsultes, et notamment Bourjon, Lebrun et Pothier, ont toujours discuté sur la sphère d'application qu'il convenait de donner à la déclarativité du partage. De plus, si l'on consulte les travaux préparatoires, on ne peut point affirmer que notre législateur moderne ait eu, sur ce point, des idées moins vagues et moins flottantes. D'ailleurs nous avons établi, au commencement de cette étude, que le partage est un acte d'une nature *mixte*, un acte *sui generis*.

Sans doute, la disposition de l'article 883 tend à le faire considérer comme déclaratif. Mais d'un autre côté, et si l'on regarde au fond des choses, on est bien obligé d'y reconnaître aussi une aliénation : c'est même de cette seule manière que l'on peut rationnellement expliquer l'admission de la garantie et du privilége des copartageants (art. 884 et 2103, n° 3). Si ce critérium est exact quant au principe même du partage, on est dans la nécessité également d'en tenir compte quant aux applications qu'il comporte. Dès lors, on ne peut, sous peine d'être illogique, décider *a priori*, avec le second système, que toutes les relations nées du partage seront soumises à la maxime de l'article 883. Il faut, au contraire, examiner chacune des espèces qui se présentent dans la pratique, et voir, de ces deux caractères, déclaratif ou translatif, quel est celui dont l'hypothèse semble surtout participer. — S'il en était autrement, et si l'on appliquait la règle de l'article 883 d'une façon générale et absolue à toutes les hypothèses, souvent au lieu d'être un abri et une sauvegarde pour les copartageants, elle deviendrait pleine de périls et de dangers : on violerait ainsi ouvertement le principe fondamental : « *Beneficia non sunt retorquenda.* »

Enfin, et en sens inverse, c'est en vain que la première doctrine, pour renfermer l'article 883 dans une restriction qui nous semble également abusive, objecte que ce texte consacre une fiction. Il est évident, en effet, que la loi est assez puissante pour commander, sans jamais avoir besoin de feindre. Du reste, en admettant même que l'objection soit fondée, elle aurait simplement pour résultat de reculer la difficulté sans la résoudre. Car, vraie ou feinte, dans tous les cas, la règle existe, et il resterait toujours à en déterminer l'étendue et les limites (Comp. Demol., *Success.*, t. V, n° 302).

Notre principe une fois établi, passons aux applications et voyons comment il s'adapte aux différentes espèces susceptibles de se présenter le plus souvent dans la pratique.

23 *bis*. — Tout d'abord, donnons immédiatement la solution de l'hypothèse que nous avons, tout à l'heure, prise comme type. Eh bien, dans cette situation, la déclarativité du partage nous semble être l'élément capital et dominant. L'héritier testateur, auteur commun des deux légataires, avait droit à une moitié dans la succession indivise, sous la condition suspensive du partage.

Cette moitié n'a pu passer à ses deux représentants qu'avec la condition dont elle était grevée, *cum onere divisionis*. Or, en supposant cette charge réalisée et le partage opéré, l'auteur des deux légataires serait réputé, par suite de la déclarativité, n'avoir jamais eu droit qu'à 25,000 francs de mobilier. De là, il suit qu'en fait de meubles, Pierre n'a pu léguer que ces 25,000 fr., et Raymond devra s'en contenter.

Mais si notre proposition est exacte, il ne faut jamais perdre de vue qu'un autre principe du droit peut parfaitement se combiner avec elle et la tenir en échec. C'est ce qui arriverait, en conservant la même hypothèse, si, avant la liquidation, les immeubles héréditaires avaient été mis en vente en vertu de l'article 827. Dans ce cas particulier, le légataire des immeubles aurait le droit de prendre les soultes représentatives d'immeubles, le prix de licitation des mêmes biens, les meubles même donnés en échange d'immeubles, de même que nous l'avons admis précédemment à prendre et à garder tous les immeubles en nature tombés au lot de l'héritier testateur. En d'autres termes, il faudrait ici tempérer le principe de la déclarativité du partage par celui qui régit la subrogation réelle : *subrogatum sapit naturam subrogati* : (Comp. M. Bertauld, *Questions pratiques*, t. I, n°s 322 à 325).

24. — Nous pensons également que l'article 883 doit être considéré comme étranger au règlement des droits respectifs des créanciers d'un même cohéritier.

Si donc, par exemple, l'un des cohéritiers avait constitué une hypothèque sur sa part indivise dans un immeuble héréditaire et si cet immeuble avait été adjugé, sur licitation, à un autre héritier, la portion du prix de l'adjudication, revenant au constituant, devrait être considérée, entre ses créanciers respectifs, comme *représentative de son droit dans l'immeuble*, et assignée aux créanciers hypothécaires, par préférence aux créanciers chirographaires.

C'est qu'en effet, tout d'abord, la portion du prix de licitation que nous supposons attribuée au cohéritier qui a hypothéqué sa part indivise, n'est pas, en réalité, une valeur de la succession; le cohéritier, auquel elle doit être payée, ne saurait donc être considéré comme la tenant directement du défunt, et il nous semble dès lors impossible d'appliquer la fiction de rétroactivité consacrée par l'article 883 (Comp. Aubry et Rau, *Success.*, t. VI, § 625, note 24, p. 563, édit. de 1873).

Il est vrai que M. Demolombe (*Success.*, t. V, n° 320) n'est point satisfait de cette doctrine et lui oppose le raisonnement suivant : Celui qui n'a sur un immeuble qu'un droit résoluble ne peut grever cet immeuble que d'une hypothèque soumise à la même condition (art. 2125). Or le cohéritier qui a, dans l'espèce, hypothéqué pour sa part indivise l'immeuble héréditaire n'avait, sur celui-ci, qu'un droit résoluble et résolu, en fait, par le résultat du partage. Donc l'hypothèque qu'il avait concédée a été résolue et anéantie du même coup.

Mais, à cette objection, la réponse est facile. Sans doute, l'hypothèque est résolue : mais à quel point de vue ? Au point de vue du *droit de suite*, et en ce sens que les créanciers hypothécaires ne pourront point atteindre l'immeuble entre les mains du cohéritier adjudicataire sur licitation. Mais ici nous envisageons la question sous un autre aspect : nous nous occupons du *droit de préférence* engendré par l'hypothèque ; nous nous demandons comment les créanciers du cohéritier qui a consenti l'hypothèque régleront entre eux leurs droits respectifs sur le prix de licitation. Or, sous ce rapport, l'hypothèque, malgré le partage, peut parfaitement produire son effet, le droit de préférence n'étant pas si intimement lié au droit de suite qu'il ne puisse jamais lui survivre (Comp. art. 2108, 2109, cod. civ., et art. 6, L. 23 mars 1855). Au surplus, quel est le motif essentiel et primordial qui sert de base à la règle de l'article 883 ? Cette règle a surtout été édictée, nous l'avons vu, pour prévenir les troubles et évictions entre les divers cohéritiers. Mais ici les intérêts mutuels et réciproques des différents cohéritiers ne se trouvent pas engagés. Il s'agit simplement de régler les droits appartenant aux créanciers d'un même cohéritier : (Aix, 23 janv. 1835, Sir. 1835. 2. 267).

24 bis. — Dans tous les cas, quelle que soit la généralité que l'on veuille donner à l'article 883, on ne saurait en user pour étendre et exagérer des conventions qu'un cohéritier aurait passées avec des tiers sur un immeuble de la succession. Ainsi, par exemple, un cohéritier a, durant l'indivision, hypothéqué un immeuble héréditaire pour la moitié qui lui appartenait. Arrive le partage, et cet immeuble lui échoit tout entier. Par suite de l'effet déclaratif, ce cohéritier, nous le savons, est censé avoir été seul, *ab initio*, propriétaire de la totalité de cet immeuble. Est-ce à dire pour cela que l'hypothèque, primitivement consentie pour moitié, va désormais et de plein droit embrasser tout l'immeuble? Evidemment non. La convention originaire reste toujours debout, dans les limites mêmes que les parties lui ont volontairement assignées (art. 1134). Notre solution serait encore la même, si le cohéritier, au lieu de consentir une hypothèque, avait, durant l'indivision, constitué en dot, vendu, donné ou légué sa part indivise dans un immeuble de la succession. Il importe peu que cet immeuble vienne ensuite à tomber, tout entier, dans le lot de ce cohéritier. La constitution dotale, la vente, la donation ou le legs n'acquerront pas pour cela plus d'étendue, la convention faisant la loi des parties et la volonté du testateur (en cas de legs) devant toujours être respectée.

Mais au lieu de supposer l'immeuble tombé au lot du cohéritier, auteur de tous les actes et contrats, nous pouvons maintenant le supposer échu à un autre copartageant. Celui-ci, grâce à la déclarativité, se trouve à l'abri de toutes les revendications. Mais si les tiers, dans cette hypothèse, ne peuvent point poursuivre l'immeuble sur lequel un droit leur a été consenti, il ne faut cependant pas en conclure qu'ils soient dépourvus de tout recours contre celui-là même qui leur a concédé ce droit. Ainsi, par exemple, le cohéritier qui se trouve maintenant, par l'effet du partage, complétement dépouillé de l'immeuble, l'avait-il, pour le tout ou pour partie, constitué en dot ou vendu? Les tiers, qui ont ainsi traité avec lui, pourront, sans nul doute, se prévaloir de l'obligation de garantie.

L'avait-il donné ou légué? alors l'obligation de garantie n'existe plus. Mais les donataires et les légataires pourront cependant réclamer au donateur ou aux héritiers du testateur la valeur, pour le tout ou pour partie, de l'objet donné ou légué : il faut toutefois qu'ils parviennent à prouver qu'il a été dans l'intention du donateur ou du testateur de leur transmettre l'objet, *cum omni causá*, et par conséquent de leur en transmettre la valeur à défaut de l'objet lui-même (Comp. M. Demolombe, *Success.*, t. V, n°ˢ 321, 322 et 323).

25. — On s'est demandé si l'article 883 était applicable, en matière de faillite, dans le *cas prévu par l'article 563 du code*

de commerce. On sait que, d'après ce texte, les immeubles appartenant au mari commerçant, « à l'époque de la célébration du mariage ou qui lui seraient advenus depuis, soit par succession, soit par donation entre-vifs ou testamentaire, seront seuls soumis à l'hypothèque légale de la femme. »

Quant à nous, nous n'hésitons pas à nous prononcer pour la non-application de l'article 883 en cette matière, et nous pensons que si l'on suppose un mari héritier pour partie seulement, mais auquel la totalité d'un immeuble héréditaire aurait été attribuée par le partage moyennant une soulte, ou adjugée sur licitation moyennant un prix, les portions de l'immeuble ainsi *acquises* par le mari, en tant qu'elles excèdent la part à laquelle il avait droit en sa qualité d'héritier durant l'indivision, ne sont pas soumises à l'exercice de l'hypothèque légale, de la femme au préjudice des créanciers du mari tombé en faillite. Sans doute, pour combattre cette solution, on a essayé d'argumenter du mot *succession* dont se sert l'article 563 du code de commerce pour caractériser la provenance des biens échus pendant le mariage. Ce mot, dit-on, est lui-même inséparable de l'idée d'un partage, avec tous les effets légaux qui y sont attachés par le droit commun. Mais c'est là une objection qui ne nous touche point; car, au-dessus de la lettre de la loi, il faut voir aussi son esprit; et, à ce point de vue, la solution que nous proposons nous semble rigoureusement conforme aux motifs qui ont fait édicter l'article 563, C. com. La loi dispose que les immeubles acquis à titre onéreux, pendant le mariage, par le commerçant qui vient à tomber en faillite, ne seront point soumis à l'hypothèque légale de sa femme. Pourquoi cela? C'est que la loi présume ces acquisitions faites, aux dépens des créanciers, avec leurs capitaux. Or, dans notre hypothèse, il s'agit aussi d'acquisitions à titre onéreux; il s'agit de portions d'immeuble, acquises moyennant une soulte ou un prix de licitation. Donc, on se trouve, relativement à ces portions, dans le cas prévu par l'article 563 du code de commerce, et la présomption sur laquelle s'appuie ce texte s'oppose à ce qu'on les considère comme tombant sous le coup de l'hypothèque légale de la femme mariée (Paris, 8 avril 1853, Dev., 1853, 2. 565. Comp. Demol., n° 328, t. V, *Success.* — Bertauld, *Questions pratiques*, t. I, n° 317).

26. — Examinons maintenant la question de savoir si la règle du partage déclaratif doit être appliquée entre l'un des héritiers et les tiers avec lesquels il se trouverait en relations de société ou de communauté : — par exemple, entre l'un des époux et la communauté de biens sous laquelle il serait marié ; montrons tout de suite l'intérêt de la question. Sous le régime de communauté légale, les meubles échus aux époux durant le mariage, à titre de succession, tombent dans la communauté ; mais, à l'inverse, les immeubles qui leur adviennent au même titre leur restent propres (art. 1401, 1402). Eh bien, le droit de la communauté étant ainsi précisé, faut-il, pour en déterminer l'étendue, s'en référer au résultat du partage ? Ou bien, au contraire, doit-on calculer la part de meubles et d'immeubles qui aurait dû revenir à l'époux commun en biens, en examinant quelle était la composition de la masse héréditaire, telle qu'elle se comportait avant le partage ? C'est là une question délicate, sur laquelle trois systèmes différents ont été proposés.

Une première doctrine enseigne qu'il faut déterminer le droit de la communauté, en s'en tenant au résultat du partage. En effet, dit-on, par suite du principe de déclarativité contenu dans l'article 883, l'époux apportionné est censé tenir tout son lot de la personne même du défunt. Ainsi, dans ce système, supposons qu'au point de vue mobilier, ce lot se compose non-seulement de meubles héréditaires pris dans la succession elle-même, mais encore d'un prix de licitation que l'un des copartageants aurait payé à l'époux comme représentation d'une portion d'immeuble : peu importe ; ce prix lui-même tombera en communauté ; car il constitue du mobilier auquel l'époux est censé avoir immédiatement succédé. Ainsi, dit-on, le veut la généralité de l'art. 883.

Suivant un second système, au contraire, le droit de la communauté se détermine, non d'après le résultat du partage, mais d'après la composition originaire de la succession. Ainsi, par exemple, soit une hérédité qui comprend un immeuble de 100,000 fr. et 50,000 fr. de valeurs mobilières. Elle échoit à deux héritiers pour parts égales, et l'un d'eux se trouve engagé dans une communauté de biens. Eh bien ! on peut dire dès maintenant et *à priori* que la communauté verra tomber dans son patrimoine la moitié de la masse mobilière, soit 25,000 fr.

Il importe peu qu'ensuite, et pour plus de commodité dans le partage, l'un des cohéritiers ait pris non-seulement 25,000 fr. de meubles, mais encore l'immeuble tout entier, à la charge de payer à son copartageant, commun en biens, la somme de 50,000 fr. à titre de soulte. La communauté n'aura aucun droit sur ces 50,000 fr.; car ils sont la représentation d'une part immobilière qui, si elle avait été prise en nature, serait restée propre. — En effet, dit-on dans cette doctrine, la fiction du partage déclaratif ne saurait trouver ici son application : car elle a été introduite pour régler les relations de l'un des cohéritiers avec les autres ou avec les ayants cause de ceux-ci, et dans notre hypothèse, au contraire, il s'agit des rapports d'un cohéritier avec une communauté, sa propre ayant cause. — De plus, ajoute-t-on, aux termes de l'article 1096, les avantages irrévocables et, par suite, les libéralités indirectes, sont défendus entre époux. C'est pour sanctionner cette prohibition que l'article 1437 a établi la théorie des récompenses réciproques entre les époux et la communauté. Eh bien ! si l'on permet à un époux, qui devient héritier, de se concerter avec ses copartageants de façon à grossir ou à diminuer, au moyen de soultes, sa part mobilière dans la succession, est-ce que ce n'est pas, du même coup, l'autoriser à assurer un avantage ou à infliger une perte au patrimoine conjugal ? Est-ce qu'enfin ce n'est pas permettre à cet époux, au mépris des articles 1096 et 1437, d'enrichir ou d'appauvrir indirectement son conjoint, qui, plus tard, lors de la liquidation de la communauté, trouvera une part plus ou moins forte que celle à laquelle il aurait été appelé, si primitivement le droit de cette communauté avait été fixé d'après la composition originaire de la succession ?

26 *bis*. — Ces deux premières opinions, absolues en sens opposés, viennent toutes les deux, suivant nous, se heurter contre des textes formels. Ainsi, le premier système décide que l'article 883 est toujours applicable aux conventions matrimoniales. Or, si cela était vrai, il faudrait dire que le prix revenant à la femme, dans la licitation d'un immeuble dotal indivis avec des tiers, n'est point dotal. Mais l'article 1558, *in fine* nous apprend précisément le contraire, et il ajoute qu'à raison de sa dotalité, ce prix devra être employé au profit de la femme.

En outre, s'il était exact de soutenir, avec le second système, que l'article 883 n'est jamais applicable entre l'époux et la communauté, il faudrait en conclure que si, pendant le mariage, la portion d'un immeuble indivis entre un époux et un tiers venait à être acquise, à cet époux, à titre de licitation ou autrement, cette portion formerait un conquêt et tomberait en communauté. Or, l'article 1408 déclare, au contraire, que même cette portion, ainsi acquise, reste propre avec tout le reste de l'immeuble.

26 *ter.* — Aussi, quant à nous, nous pensons, avec M. Demolombe (t. V, *Success.*, n° 317), que la vérité se trouve plutôt dans un troisième système qui distingue entre le partage en nature et le partage avec soulte ou la licitation.

Tout d'abord, s'agit-il d'un partage en nature, c'est-à-dire l'époux héritier se trouve-t-il rempli de ce qui lui revient, en objets héréditaires? Alors l'article 883 s'applique, et la communauté n'aura droit qu'à la part mobilière ainsi échue après le partage, quand même elle serait inférieure à celle qui semblait résulter de la composition primitive de la succession.

Au contraire, s'agit-il d'une soulte ou d'un prix, par suite du partage ou de la licitation d'un immeuble héréditaire? En d'autres termes, s'agit-il d'un prix payé ou d'une soulte acquittée avec des deniers provenant non de la succession elle-même, mais de la bourse du cohéritier qui en était débiteur? Alors l'article 883 doit être écarté, et la soulte représente l'immeuble lui-même au respect de la communauté.

Et tout d'abord, Pothier posait en termes formels la distinction que nous venons de rappeler (*De la communauté*, part. I, ch. 2, n° 100, et part. IV, ch. 1, n°s 629 et 630). Nos législateurs ont-ils entendu se placer au même point de vue? Nous le pensons, d'autant mieux que l'article 883 est conçu dans des termes presque identiques à ceux dont se servait Pothier (*Success.*, ch. IV, art. V, § 1).

Du reste, la distinction, qui sert de base à notre système, nous semble logique et rationnelle. En effet, lorsque l'époux héritier se trouve apportionné exclusivement en effets même de la succession, on conçoit que l'on déclare l'article 883 applicable, et que l'on regarde cet héritier comme continuant la personne du défunt auquel tous ces objets ont, un jour, appartenu.

Mais il en est autrement lorsqu'on se trouve en présence d'une soulte ou d'un prix de licitation. Cette soulte et ce prix sont payés, nous le supposons, avec les deniers mêmes de l'héritier adjudicataire ; ils n'ont jamais été la propriété du défunt, et dès lors on a peine à comprendre que l'héritier soit censé les tenir de lui.

Mais alors, objecte-t-on, si l'on tient compte du résultat du partage, lorsque l'époux héritier est complétement loti en effets de la succession, on ouvre du même coup la porte à la fraude, on favorise la violation des articles 1096 et 1437. C'est là une objection qui n'est point probante ; car déjà, dans l'ancien droit, la prohibition des libéralités indirectes entre époux existait, et pourtant Pothier ne croyait pas qu'elle fût un obstacle à la doctrine qu'il professait. En outre, il est bien entendu que le système que nous adoptons cesserait d'être applicable au cas où l'on démontrerait que les arrangements entre les cohéritiers ont été frauduleux et ont eu lieu de façon à enrichir l'époux aux dépens de la communauté, ou la communauté aux dépens de l'époux : *Fraus omnia corrumpit.*

Enfin, en appliquant ainsi, avec discernement et mesure, l'article 883 aux rapports d'un époux héritier avec la communauté, on parvient à tarir une source de complications et de procès. Autrement, si l'on ne tenait jamais compte du résultat du partage, les lotissements entre cohéritiers auraient beau être opérés le plus loyalement du monde : aussitôt que l'époux copartageant serait sorti de cette indivision, il devrait recommencer, avec la communauté, de nouvelles opérations pleines d'incertitudes et de difficultés : Comp. Caen, 9 mars 1839, Dev., 1839, 2. 351. — Douai, 9 mars 1849, Dev., 1850, 2. 180. Cass. 11 déc. 1850, Dev., 1851, 1. 253. *Sic* : Demol., *Success.*, t. V, n°s 314-318. *Contrà* : Aubry et Rau, t. VI, § 625, texte et note 29, p. 567, édit. 1873.

27. — Pour les mêmes motifs, nous appliquerons encore notre doctrine au régime dotal, en admettant la même distinction que pour la communauté. Ainsi, supposons qu'une femme, en constituant ses immeubles en dot, se soit réservé la faculté de les aliéner sous la condition d'un remploi. Nous pensons qu'il n'y aurait pas lieu à remploi des valeurs mobilières qui lui proviendraient de la succession elle-même. A quel titre, en

effet, les cohéritiers de la femme la forceraient-ils à faire emploi d'un mobilier qu'elle tient non pas d'eux, mais directement du défunt? — Au contraire, il faudrait remployer la soulte ou le prix que l'un des copartageants devrait à cette femme, pour sa portion dans les immeubles héréditaires : alors on comprend que ce copartageant exige l'emploi ; car il est débiteur, et l'emploi est une condition de validité de son paiement : Comp. Demol., *Success.*, t. V, n° 318. Cass. 21 mars 1860, Dev., 1860, 1. 874. — Caen, 2 mai 1865, Dev., 1865, 2. 261.

28. — Il est maintenant une hypothèse qui, selon nous, entraîne la non-applicabilité de l'article 883, et dont la solution ne saurait être sérieusement contestée. Un individu est appelé pour une part à une hérédité contre laquelle il est créancier d'une somme déterminée. Les choses étant en cet état, il meurt laissant deux successeurs testamentaires, un légataire aux meubles et un légataire aux immeubles. Ces deux successeurs poursuivent le recouvrement de la créance et obtiennent, à titre de dation en paiement, un prélèvement aux dépens des immeubles. A qui ce prélèvement appartiendra-t-il? — Eh bien! nous sommes convaincu que ce prélèvement, bien qu'il soit immobilier, appartiendra au légataire des meubles, et point au légataire des immeubles. — En effet, tout d'abord, autre chose est la dation en paiement, autre chose est le titre qu'elle éteint. Sans doute, la dation en paiement porte, en fait, sur des immeubles ; mais le titre éteint ou soldé était une créance mobilière. Donc l'immeuble prélevé doit rationnellement être attribué au légataire de la créance : *Subrogatum sapit naturam subrogati.*

De plus, il est clair que l'article 883 ne peut pas atteindre les titres antérieurs à l'établissement de l'indivision. Or, il s'agit ici d'une créance préexistante à l'ouverture de la succession originaire qui s'est ouverte au profit du cohéritier testateur. Aussi on ne concevrait pas que l'effet, à la fois déclaratif et rétroactif du partage, vînt frapper une semblable créance. — Enfin, remarquons que toute autre solution dénaturerait évidemment la volonté du cohéritier testateur. Celui-ci, sans aucun doute, n'a point su quels seraient les éléments qu'il recevrait après son décès comme créancier. Ce qu'il savait, c'est qu'il était titulaire d'un droit mobilier ; ce qu'il a voulu, c'est que son légataire aux meubles en retirât tout le profit (Comp. Bertauld, *op. cit.*, t. I, n° 326).

29. — L'article 883 est donc un moyen de défense accordé, comme on le voit, à tout communiste qui, devenu propriétaire exclusif d'un certain bien, serait menacé, dans l'exercice de ses droits, par des tiers porteurs de titres consentis pendant l'indivision et auxquels il est resté personnellement étranger ; mais nous ne pensons pas que l'article 883 puisse être retourné contre lui à titre d'arme offensive.

30. — Ainsi, on a demandé si le mineur, devenu majeur, jouit du bénéfice de l'hypothèque légale (art. 2121, al. 2) sur les biens de son tuteur, pour garantir la créance du prix d'un immeuble qui leur appartenait par indivis, et dont ce tuteur se serait rendu adjudicataire sur licitation, depuis la majorité de son pupille. — Exemple : Pierre, tuteur, et Paul, son pupille, ont été appelés à une même succession comprenant un immeuble de 100,000 fr. Ils sont restés dans l'indivision, pendant toute la durée de la tutelle ; puis, l'immeuble ayant été reconnu impartageable, une licitation a eu lieu, et l'ancien tuteur, désormais à l'abri de la prohibition édictée par l'article 1596, al. 1, s'est porté adjudicataire moyennant 100,000 fr. ; 50,000 fr. reviennent par conséquent au mineur devenu majeur, qui est héritier du *de cujus* pour moitié, et ce paiement est garanti par le privilége des copartageants (art. 2103, al. 3). Mais l'immeuble vient à périr avant le paiement du prix de licitation par l'ancien tuteur adjudicataire : le mineur, devenu majeur, peut-il, par argument des articles 2121, al. 2, et 883 combinés, soutenir qu'il a, sur tous les immeubles personnels de son ancien tuteur, la garantie de l'hypothèque légale, parce qu'il est réputé (art. 883) avoir succédé directement et du chef du *de cujus* au prix de licitation, d'où il résulte dès lors que sa créance doit être considérée comme remontant à la période où la tutelle était en plein exercice (art. 2121) ?

Sur cette question, la doctrine négative nous paraît seule vraie. En effet, quelle est, dans notre hypothèse, la prétention de l'ex-mineur ? Il soutient que sa créance, née de la licitation, doit être considérée comme ayant pris naissance pendant l'indivision même que cette licitation a eu pour but de faire cesser. Eh bien, ne serait-il pas étrange et contraire à la raison qu'une créance pût ainsi préexister à sa cause? Tel est l'argument de bon sens que nous trouvons déduit dans un arrêt rendu par la Cour de Rennes le 31 mars 1841 (Dev., 1841, 2. 423). En outre, appliquer l'article 883 à une semblable hypothèse, ce serait retourner cette règle légale contre un communiste qu'elle est précisément destinée à protéger ; ce serait (comme le fait très-bien remarquer M. Bertauld, *op. cit.*, t. I, n° 318) transformer une arme purement défensive en une arme offensive : Comp. Demolombe, *Success.*, t. V, n° 313.

31. — Les auteurs ont encore soulevé une question fort grave à propos de l'applicabilité de l'article 883 en matière de prescription. Supposez l'espèce suivante : Une succession s'ouvre au profit de quatre héritiers, un majeur, deux mineurs (art. 2252) et une femme mariée sous le régime dotal (art. 1561 et 2255) ; un tiers est, depuis vingt-huit ans, au moment de l'ouverture de la succession, en possession de l'exercice d'une servitude continue et apparente (art. 688 et 689) sur l'un des immeubles héréditaires, et il est en voie de prescrire par trente ans (art. 690). Les trente années s'accomplissent pendant l'existence de l'indivision entre les cohéritiers. Seulement le tiers ne peut pas, en pareil cas, invoquer l'article 2262, parce qu'il y a, parmi les héritiers, des incapables dont la présence emporte suspension de prescription (art. 2252, 2255 et 710), et rend inutiles les deux années de possession écoulées depuis le décès du *de cujus*. Sur ces entrefaites, l'immeuble étant reconnu impartageable (article 827), est vendu sur licitation, et c'est précisément le majeur qui se porte adjudicataire. Le tiers lui oppose immédiatement la prescription qu'il prétend être acquise. Mais l'héritier majeur, devenu adjudicataire, se retranche derrière l'article 710, aux termes duquel : « Si, parmi les copropriétaires, il s'en trouve un contre lequel la prescription n'ait pu courir, comme un mineur, il aura conservé le droit de tous les autres. » Alors le tiers possesseur réplique : D'après l'article 883, vous, majeur, vous êtes réputé avoir succédé directement et immédiatement au *de cujus* lui-même, quant à l'immeuble tombé dans votre lot par l'effet du partage ou de la licitation, et dès lors la présence de mineurs ou de femmes mariées sous le régime dotal, au sein de la cohérie, ne m'est plus opposable ; car je suis présumé être resté toujours en face de vous seul ; or, vous étiez majeur :

donc j'ai pu valablement prescrire contre vous (*Sic* : Cass. 27 août 1853, Dev., 1853, 1. 707).

31 *bis*. — Pour notre part, nous ne pensons pas que cette prétention du tiers possesseur soit admissible. En effet, les articles 709 et 710 sont formels en sens contraire : ils déclarent positivement que la présence d'un mineur parmi les copropriétaires suffit pour suspendre la prescription au profit de tous.

En outre, l'article 883 est fait pour protéger les cohéritiers : donc on ne peut pas le retourner contre eux, surtout pour en faire profiter un tiers qui n'était l'ayant cause d'aucun d'eux, et qui se trouvait, au contraire, leur adversaire commun.

Enfin, il s'agit d'ailleurs, dans l'hypothèse que nous avons supposée, d'une matière indivisible. Et, comme le dit Pothier, en résolvant une question semblable à la nôtre : « Une chose indivisible, n'étant pas susceptible de parties, ne peut s'acquérir pour partie : elle ne peut s'acquérir que pour le total : les possesseurs de ce droit indivisible ne peuvent donc en accomplir la prescription que tous ensemble, *et contre tous les propriétaires ensemble* » (Pothier, *Prescription*, n° 111).

31 *ter*. — Mais alors, que faudrait-il décider dans le cas où la chose serait divisible ? Dans ce cas, M. Demolombe décide que le tiers possesseur aura pu, durant l'indivision, acquérir la portion de ceux des cohéritiers en faveur desquels n'existait aucune suspension de prescription. Il en conclut que la chose, dans laquelle l'un ou plusieurs des cohéritiers ont ainsi perdu leur droit par prescription, a cessé d'être commune entre eux et leurs cohéritiers : *exiit de communione;* donc elle ne doit pas être comprise dans le partage ; et il y a lieu, en ce qui la concerne, à un partage particulier entre le tiers qui a acquis la portion de l'un ou de plusieurs des cohéritiers, et les autres cohéritiers contre lesquels la prescription n'a pas pu courir.

Mais c'est là une solution que nous ne saurions admettre, et nous pensons que, même dans ce cas particulier, il faudrait écarter l'application de l'article 883, en ce qui concerne les intérêts des tiers possesseurs en voie de prescrire. Sans doute, on ne peut plus, dans cette espèce, tirer aucun argument du caractère indivisible de la chose que l'on prétend avoir été prescrite. Mais il reste toujours, à l'appui de notre doctrine, le principe fondamental, que nous énoncions tout à l'heure, suivant lequel l'article 883, fait pour protéger les cohéritiers, ne doit pas être retourné contre eux : *Beneficia non sunt retorquenda :* Comp. Demol., *Servitudes*, t. II, n° 999, et *Success.*, t. V, n°ˢ 326 et 327; — Aubry et Rau, t. VI, § 625, texte et note 30, édit. de 1873; — Bertauld, *Quest. prat.*, t. I, n° 319; — Nancy, 29 nov. 1851, Dev. 1851. 2. 799. Cass., 27 août 1853, Dev. 1853. 1. 707.

§ 5

Quels sont les effets de l'application de la règle du partage déclaratif? (art. 883.)

32. — La règle posée par l'article 883 s'étend partout dans le droit civil et dans le droit commercial. Elle engendre notamment sept conséquences importantes qu'il importe, en terminant, de bien préciser.

33. — I. Tout d'abord, nous avons déjà montré et nous rappelons ici que, toutes les hypothèques légales, judiciaires ou conventionnelles, qui auraient frappé, du chef de l'un des cohéritiers, durant l'indivision, soit tous les immeubles héréditaires ou quelques-uns d'entre eux, soit sa part indivise dans la totalité ou dans une partie de ces immeubles, restent sans effet à l'égard des autres cohéritiers, auxquels leur part arrive toujours franche et quitte de toutes charges, en vertu de l'effet à la fois déclaratif et rétroactif des partages et des licitations. A l'inverse, les hypothèques que l'un des cohéritiers aurait, pendant l'indivision, constituées sur l'un ou plusieurs des immeubles héréditaires se trouveraient consolidées et affermies, si ces immeubles tombaient dans le lot du cohéritier constituant : car chacun doit la garantie de son fait personnel (art. 1628).

34. — II. Il faut évidemment étendre la même solution aux servitudes ou autres droits réels établis, et même aux aliénations immobilières consenties par l'un des cohéritiers. Toutefois, en ce qui concerne les aliénations, notre principe a soulevé des objections qu'il s'agit ici d'examiner.

Ainsi, une succession est échue à plusieurs cohéritiers ; son actif se compose de biens divers, créances et immeubles : l'un des cohéritiers a vendu sa portion indivise dans un immeuble déterminé. On partage , et il arrive que *le bien*, *dans lequel le cohéritier a vendu sa part, tombe dans le lot d'un autre copartageant.* Eh bien, la question est de savoir si l'efficacité de l'aliénation dépend du résultat du partage. Faut-il, dans notre espèce, appliquer à la vente, ainsi consentie, la déclarativité que consacre l'article 883 , et par suite la regarder comme résolue ?

On a entrepris de soutenir que la maxime du partage déclaratif n'était pas applicable à l'aliénation consentie durant l'indivision, par l'un des cohéritiers, quant à sa part indivise. Et, en effet, dit-on dans ce système quelque peu paradoxal, on ne peut partager que ce qui est commun ; or, par l'effet même de l'aliénation , le cohéritier vendeur a cessé d'être dans l'indivision , avec ses cohéritiers, quant à l'objet vendu : c'est l'acheteur qui a succédé à ses droits indivis. Par conséquent, conclut-on, l'indivision existe désormais entre l'acheteur et les cohéritiers de l'aliénateur et c'est entre eux que se fera le partage de l'immeuble aliéné. De plus, à l'appui de cette solution, on invoque encore le droit romain, et notamment la loi 3 au Code, *Communi dividundo,* et la loi 54 ff., *Familiæ erciscundæ.* Ce dernier texte est ainsi conçu : « *Ex hereditate quæ mihi et tibi communis erat, fundi partem meam alienavi : deindè familiæ erciscundæ judicium inter nos acceptum est ;* » — Puis, remarquons-le bien , la loi ajoute immédiatement : « *Neque ea pars quæ mea fuit in judicio veniet... quia, alienatione partis meæ, exiit de communione.* »

Si l'on objecte à cette doctrine que la solution consacrée par la loi 54, ff., *Familiæ erciscundæ,* n'a rien qui doive surprendre, puisque en droit romain, contrairement au principe actuel, on avait admis, quant aux effets du partage , le caractère translatif, cette doctrine répond qu'elle n'est nullement ébranlée par une semblable objection. En effet, réplique-t-elle , il est impossible que la solution de la loi 54 soit une conséquence de la translativité du partage : car, pour que cela fût exact, il faudrait que la portion vendue fût comprise dans le partage, et, nous l'avons vu , le jurisconsulte romain déclare précisément que l'objet aliéné ne rentre plus dans la masse partageable : « *Exiit de communione.* »

35. — Cependant, malgré cette argumentation, c'est là une thèse qui a constamment échoué dans la pratique, et nous pen-

sons qu'elle devait, en effet, échouer. Il ne faut pas, selon nous, concéder que, durant l'indivision, chacun des cohéritiers ait le droit de distraire de la communauté tel ou tel bien déterminé au profit d'un tiers acquéreur.

Pendant l'indivision, chaque cohéritier n'a sur les biens de la succession qu'un droit indéterminé et conditionnel, subordonné au résultat du partage. C'est le partage lui-même, et lui seul, qui déclare ceux des objets dont chaque copartageant a toujours eu la propriété exclusive, et ceux sur lesquels, au contraire, il n'a jamais eu aucun droit. Dès lors, si, pendant l'indivision, un cohéritier n'a, sur un immeuble héréditaire, qu'un droit conditionnel et résoluble, il est clair que le tiers-acquéreur, ayant cause de ce cohéritier, ne pourra obtenir également qu'un droit soumis à la même condition, et susceptible aussi d'être résolu par le résultat du partage.

Nous ajouterons que cette solution se justifie encore par sa nécessité pratique. En effet, dans le système contraire, il dépendrait de l'un des cohéritiers, en morcelant à l'infini sa portion indivise, et en la vendant à différentes personnes, de forcer ses cohéritiers à faire autant de partages partiels qu'il y aurait d'acquéreurs : résultat inique, et source féconde de frais, de complications et de procès !

Enfin, l'article 2205 du code civil nous fournit encore la preuve qu'il faut admettre notre système. Aux termes de cette disposition, « la part indivise d'un cohéritier dans les immeubles d'une succession ne peut pas être mise en vente par ses créanciers personnels avant le partage ou la licitation... » Or, des créanciers ont, en principe, les mêmes droits que leur débiteur, précisément parce qu'ils sont ses ayants cause. Si donc l'article 2205 refuse aux créanciers le droit de mettre en vente la part indivise d'un cohéritier avant le partage ou la licitation, c'est que le débiteur n'aurait pas lui-même ce droit. Telle est la base essentielle et l'explication rationnelle de l'article 2205.

Nous savons bien, sans doute, qu'on a cherché à donner de ce texte un autre motif. Ainsi, on a soutenu que le législateur avait édicté cette disposition, parce qu'il ne voulait point forcer les cohéritiers à vendre, au-dessous de leur valeur, leurs biens encore indivis. Il est, en effet, certain que des droits en état d'indivision se vendent toujours moins cher, à raison des difficultés que le partage pourra entraîner, qu'une propriété parfaitement nette et déterminée. Mais si cette explication est acceptable, il n'en est pas moins vrai qu'elle n'est que subsidiaire. Elle s'appuie sur les faits et les nécessités pratiques, plus que sur le droit. Aussi nous maintenons que la base principale de notre article 2205 se trouve dans le motif vraiment juridique que nous avons d'abord indiqué, et qui achève ainsi de confirmer la solution que nous avons proposée (Comp. Colmar, 22 juin 1864, Dev., 1865, 2. 106. Aubry et Rau, § 625, t. VI, texte et note 17, édit. 1873. Demolombe, *Success.*, t. V, n⁰ˢ 305, 306, 307).

Notons enfin que dans un arrêt du 13 février 1838 (Dev., 1838, 1. 230), la Cour de cassation a déduit une conséquence remarquable du système que nous venons d'admettre, en décidant que si le tiers acquéreur de la part indivise de l'un des cohéritiers dans un immeuble héréditaire avait, en fait, purgé son acquisition, la purge serait à considérer comme non avenue, dans le cas où cet immeuble tomberait au lot d'un autre cohéritier ou deviendrait sa propriété exclusive par suite de licitation.

36. — III. Remarquons également que les partages, les licitations et les autres actes, ventes ou cessions, que la loi assimile aux partages, ne sont pas, *de leur nature*, soumis à l'action résolutoire pour défaut de paiement de la soulte ou du prix. En effet, la solution contraire impliquerait que l'un des copartageants tient quelque chose des autres. Or, en principe général, il résulte de l'article 883 que chacun des cohéritiers est censé ne rien tenir de ses cohéritiers. Mais, il nous semble incontestable que les cohéritiers pourraient stipuler valablement, dans de pareils actes, la condition résolutoire pour défaut de paiement de la soulte ou du prix de licitation, par le cohéritier débiteur, entre les mains des copartageants créanciers. En effet, les conventions légalement formées tiennent lieu de lois à ceux qui les ont faites (art. 1134); or, le partage est une véritable convention. Sans doute, la stipulation expresse de ce pacte commissoire aura pour effet de tenir en échec la déclarativité du partage. Mais ce résultat n'est point contraire à l'ordre public. C'est là, encore une fois, un effet qui ne découle pas, sans doute, de la nature du partage; mais du moins il ne

répugne pas à l'essence de cet acte : à telles enseignes que, dans la pratique, on autorise les parties à faire un partage sous une condition résolutoire casuelle (Comp. Demol., *Success.*, t. V, nᵒˢ 308, 310, 311. — Cass. 6 janv. 1846, Dev., 1846, 1. 120).

37. — IV. Pour des raisons de tous points semblables à celles-ci, on décide que le cohéritier, adjudicataire sur licitation d'un immeuble héréditaire, n'est pas soumis à la revente sur folle-enchère. Mais on admet aussi que le cahier des charges pourrait valablement contenir une clause formelle en sens contraire (art. 972, 964 et 733-742 comb., C. pr. civ.). Nîmes, 30 août 1853 (Dev., 1854, 2. 368).

38. — V. Rappelons encore qu'il n'est pas nécessaire de transcrire les actes de partage, ni à l'effet de transférer la propriété, puisque le partage n'est pas essentiellement un titre translatif, ni à l'effet de purger, puisque les droits réels, hypothèques ou servitudes, constitués du chef des cohéritiers durant l'indivision, sont, *de plein droit*, résolus en vertu de l'article 883, en tant que l'objet grevé ne tombe pas précisément dans le lot de l'auteur de la concession (Comp. Demol., *Success.*, t. V, nᵒ 312 ; loi du 23 mars 1855, art. 1 et 2 ; Mourlon, *Transcription*, t. I, nᵒˢ 158-202).

39. — VI. Il nous semble également qu'on peut aussi rattacher à l'article 883 le principe posé par l'article 2235, qui, au point de vue de la prescription et des actions possessoires, établit le principe de la continuation forcée et nécessaire, par l'héritier, de la possession telle quelle de son auteur, à partir du jour même de l'ouverture de la succession. C'est qu'en effet, en vertu de la rétroactivité du partage, l'héritier est considéré comme ayant dès ce moment possédé, pour la totalité et non pas seulement pour sa part héréditaire, les objets qui sont ultérieurement compris dans son lot. Voyez, sur ce point, notre *Etude sur la jonction des possessions*, nᵒˢ 17, 18 et 19 (*Revue pratique*, 1870, t. XXIX, p. 176 et suiv.).

40. — VII. Enfin, le partage et l'adjudication sur licitation entre cohéritiers ne constituant pas un titre proprement dit d'acquisition (art. 883), il faut en conclure que ces actes ne sauraient être considérés comme de *justes titres* pouvant fonder la prescription de dix à vingt ans (art. 2265). Il est vrai que

MM. Aubry et Rau, qui enseignent la même solution, prétendent l'appuyer uniquement sur cette idée que le partage est plutôt dévestitif qu'investitif, et qu'il ne crée pas une nouvelle cause de possession (Comp. Aubry et Rau, t. VI, § 625, texte et note 31, page 568, édit. 1873). Mais, pour notre part, nous préférons y voir une conséquence directe et immédiate de l'effet à la fois déclaratif et rétroactif du partage. C'est parce que les héritiers sont déclarés, par l'article 883, tenir leurs droits du défunt, qu'on ne peut les regarder comme ayant, par le partage, créé entre eux un juste titre ou une nouvelle cause de possession.

Suivant la judicieuse remarque de M. Demolombe (t. XVII, n° 324), c'est précisément parce que notre droit français actuel a considéré le partage comme dévestitif qu'il l'a ensuite proclamé déclaratif de droits préexistants au point de vue de ses effets ou du moins de quelques-uns d'entre eux.

FIN.